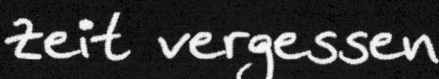

Unsere Leidenschaft die uns antreibt ist es, Malbücher zu erschaffen die Spaß machen, Kreativität entfachen und zur Entspannung dienen!

Zeit vergessen

Machen Sie sich frei von Zeitdruck und Verpflichtungen. Setzen Sie sich kein Zeitlimit für das angefangene Motiv und widerstehen Sie dem Drang schnell fertig zu werden. Lassen Sie sich treiben und tauchen Sie in die zauberhafte Welt des Winters ein!

Dein Bonus

Über 60 kostenlose Malvorlagen zum Download als PDF zum Ausdrucken!

SCAN MICH!

www.topo-malbuecher.de

Mit ♥ designed

Für Fragen und Anregungen:
info@topo-malbuecher.de

© 2019 Alexander Topolewski

Verlag: tredition GmbH, Hamburg

ISBN: 978-3-7497-7829-4 (Paperback)

Bibliografische Informationen der Deutschen Nationalbibliothek:
Die Deutsche Nationalbibliothek verzeichnet diese Publikation in der Deutschen Nationalbibliografie; detaillierte bibliografische Daten sind im Internet über http://dnb.d-nb.de abrufbar.

Dieses Malbuch gehört:

_____

produktsicherheit@kolibri360.de

FSC
www.fsc.org
MIX
Papier | Fördert
gute Waldnutzung
FSC® C083411

Zeitfracht Medien GmbH
Ferdinand-Jühlke-Straße 7
99095 Erfurt, Deutschland
produktsicherheit@kolibri360.de